LA VÉRITÉ

SUR L'ORIGINE DE...

L'ALLIANCE FRANCO-RUSSE

PAR

J. MANGIN

Prix : 0.50

En vente chez l'auteur
Envoi Contre Mandat-Poste de...

PARIS
Rue Pierre-Dupont, 4

1898

LA VÉRITÉ

SUR L'ORIGINE DE L'ALLIANCE

FRANCO-RUSSE

EN VENTE, DU MÊME AUTEUR :

1 Volume **paru** ayant pour titre : *Traité des principales questions sociales, à résoudre par l'œuvre de la solidarité humaine* et comprenant :

1° *Impôt sur le revenu ;*

2° *Capital Travail et Capital Argent ;*

3° *La vérité à tous et application rationnelle du Suffrage universel.*
(Le tout devant servir de programme électoral.)

4° *Page émouvante d'Émile Zola* (Extraite de **Rome**, avec autorisation de l'auteur).

Prix : 1 franc.

A PARAITRE PROCHAINEMENT :

1 Volume ayant pour titre : *Considérations générales émises a l'égard de l'œuvre, à créer, de la solidarité humaine* et comprenant :

1° *Réponse faite à l'honorable M. X...,* membre de *l'Institut de France* (développements très longs donnés aux sujets traités en la brochure ci-dessus) ;

2° *Politique intérieure et Politique extérieure* (considérations émises à propos de la guerre Gréco-Turque, concernant l'hypocrisie de notre civilisation) ;

3° *Civilisation hypocrite, Égoïsme et Vanité.*
(Morale tirée de la Catastrophe du bazar de la Charité.)

1 Volume. — *Commentaires ou considérations émises sur la valeur de l'Alliance Franco-Russe.*

PRÉFACE

Tout peuple qui ne veut pas abdiquer de sa dignité, sous n'importe quel régime il se trouve placé, doit avoir le sentiment de la destinée qu'il a à poursuivre dans le monde, et cela dans le but, non seulement de maintenir intacte et de garantir constamment cette dignité contre toute atteinte qui aurait pour tendance de la supprimer, mais encore et surtout, pour arriver par une recherche constante du bien, à procurer à l'humanité souffrante les bienfaits de la justice (qui doit être égale pour tous), de même que ceux à découler d'une civilisation véritable, triomphante des formules creuses et des sophismes ressortant et prévalant de celle hypocrite actuelle.

Ce n'est donc qu'en étant véritablement imbu des devoirs — incombant à tous — commandés et imposés par ce sentiment noble et élevé, qu'il peut être donné à un peuple d'avoir l'âme assez haute pour puiser en lui le vrai principe social. — Toute société (dont l'essence même consiste à évoluer progressivement), doit avoir pour base fondamentale le droit et la justice, en dehors desquels il ne peut exister ou se produire que des actes oppressifs et arbitraires. — La civilisation actuelle (à considérer pour hypocrite) étant la négation de celle véritable qui devrait exister, il n'y a pas à s'étonner si, depuis plus d'un siècle, nous sommes restés stationnaires à son égard, en dépit des luttes constamment soutenues par la classe prolétaire, qui en est toujours la victime ; mais lesquelles ont été vaines en raison du peu d'union qui règne parmi elle. — Et la lutte sera toujours vaine, tant que cette classe ne saura pas limiter ses revendications à ce qui est essentiellement utile, quant à ses droits à l'existence ; lesquels droits ne sauraient toujours lui être contestés, malgré le degré d'inhumanité constaté et qui résulte de la civilisation hypocrite en laquelle nous nous morfondons.

Particulièrement, le peuple de France, plus qu'aucun autre, a eu le souci des grands principes de justice et d'humanité, non seulement dans son intérêt propre, mais aussi dans celui de l'humanité entière. — Pénétré, il y a plus d'un siècle déjà, de ces principes généreux et humains, ce peuple a dû avoir raison des iniquités monstrueuses qui l'obsédaient, en secouant alors le joug oppresseur d'une féodalité qui puisait sa force dans la coalition des intérêts représentés par le trône et l'autel et qui se solidarisaient avec ceux qui étaient propres à cette féodalité. — Cette coalition, sans cesse renaissante, nous envahit à nouveau ; et, pas plus qu'il y a un siècle, elle ne désarmera ni ne reculera devant aucun moyen pour asseoir sa suprématie toute-puissante ; celle actuelle, résultant des capitaux possédés, ne lui étant pas suffisante.

Ne pouvant, en cette préface, résumer tous les maux dont souffre la société, ni même la quintessence, de ceux-ci, je crois bien faire, pour compléter ma pensée, de soumettre aux méditations de tous ceux qui me liront, le langage si noble et si viril tenu dans le discours prononcé par le doyen d'âge de la Chambre, l'honorable M. Boysset, député de Saône-et-Loire, à l'occasion de la rentrée en session du mois de janvier 1898 :

« Messieurs et chers collègues,

« Je ne veux pas vous fatiguer d'un long discours. Mais, « puisque mon grand âge m'appelle à l'honneur d'ouvrir cette « dernière session de notre législature, vous me permettrez

« d'exprimer en quelques mots mes impressions et mes senti-
« ments personnels.

« Ce qui me frappe douloureusement à travers ces temps
« troublés, c'est la désespérante lenteur de notre évolution pro-
« gressive. (Très bien ! très bien !) Ce sont les obstacles sans
« cesse renaissants qui se dressent sur le chemin du progrès
« social et de la liberté (Applaudissements à gauche et à
« l'extrême gauche.), là où devrait s'épanouir le triomphe de la
« civilisation victorieuse.

« Les efforts de cette grande nation qui s'appelle la France
« succèdent aux efforts et successivement aussi les barrages
« apparaissent sous mille formes ; successivement, le terrain
« conquis se trouve attaqué, entamé, perdu souvent par des
« entreprises de ruse ou de violence. (Nouveaux applaudisse-
« ments sur les mêmes bancs.)

« Ainsi se joue la grande Comédie politique depuis soixante
« années.....

« Après l'épopée impériale, c'est d'abord la Restauration, qui,
« brisant les limites qu'elle avait elle-même acceptées, prétend
« nous traîner en arrière, en s'appuyant sur des doctrines mor-
« tes et sur des sectes répulsives.

« 1830 se lève alors, et d'un revers de main balaye la pieuse
« réaction. (Applaudissements à gauche et à l'extrême-
« gauche.)

« C'est la plus légitime des révolutions qui se soient jamais
« accomplies dans le monde ! » s'écriait quelques jours après
« Guizot ; oui, Guizot, le même Guizot qui, un peu plus tard,
« proclamait hautement que les réformes étaient des rêves, que
« le suffrage universel était une utopie, et qui déchaînait ainsi
« le mouvement enthousiaste et généreux de 1848, — bientôt
« broyé par le Deux-Décembre.....

« Nous savons comment, après dix-huit ans de luttes sourdes
« et inquiètes, engagées au nom de la liberté, arrivèrent les
« désastres qui nous écrasèrent. La France, trahie, blessée,
« mutilée, redevint enfin maîtresse d'elle-même et crut pouvoir

« envisager avec confiance le développement de sa puissance
« et de sa grandeur.

« Or, vingt-sept années se sont écoulées. Les abus se sont
« obstinément maintenus. (Très bien ! très bien !) Et quant aux
« modifications réelles et profondes, cent fois reconnues comme
« nécessaires, cent fois promises par solennels serments, elles
« n'ont point été réalisées. (Applaudissements à gauche et à
« l'extrême-gauche).

« Le colossal impôt est toujours là, avec ses chiffres écra-
« sants, avec ses criantes iniquités.

« Les rapports de l'Eglise et de l'Etat demeurent enveloppés
« d'ambiguïtés redoutables.

« La centralisation autoritaire et tracassière pèse de son poids
« étouffant sur les citoyens, alors que la Constitution et tous
« les clichés officiels leur crient qu'ils sont souverains et maî-
« tres de leurs destinées. (Applaudissements sur les mêmes
« bancs.)

« Dans ces conditions, et sans parler des incidents graves
« qui nous ont récemment émus, ni des nuages épais qui s'amas-
« sent sur l'Europe, il est grand temps de consolider fermement
« les forces morales et matérielles de la République (Très bien !
« très bien !), non pas à l'aide d'expédients obliques et de dis-
« cours adroits, mais par des réalités franchement démocrati-
« ques, œuvre de justice et de raison. (Nouveaux applaudisse-
« ments.)

« Notre mandat est expiré maintenant. Il nous reste à peine
« quelques heures à vivre; mais la plupart d'entre vous, mes
« chers collègues, reprendront leurs sièges. D'accord avec les
« nouveaux venus, vous formerez un faisceau d'honneur, de
« patriotisme éclairé et de fière indépendance. (Très bien !
« très bien !)

« Il faut que tout soit franc, que tout soit clair, dans les
« consciences comme dans les cerveaux.

« Il faut que la France soit la France (Applaudissements.), il
« faut qu'elle se dégage des féodalités cosmopolites, qui, au

« nom des basses passions d'argent, gouvernent, rançonnent
« et corrompent le pays. (Vifs applaudissements.)

« Il faut que nous nous préservions résolument de ces intru-
« sions politiques étrangères auxquelles on prétend pieuse-
« ment nous asservir (Applaudissements à gauche et à l'ex-
« trême gauche.) et dont les formules insidieuses étaient déjà
« flétries, il y a deux siècles, par Pascal, dans ses lettres
« immortelles.

« Il faut que la solidarité soit fortement assise parmi nous
« comme base et puissance sociale.

« Il faut que la liberté et l'égalité règnent bien réelles et bien
« vivantes, en dépit des oligarchies dominantes et oppressives.
« (Très bien ! très bien !)

« Et que de choses il y aurait encore à dire !...

« Quoi qu'il en soit, pour conquérir sans secousse ces élé-
« ments de force et de vie, il *faut nous unir*.

« Et quand je prononce ce grand mot d'*union*, je ne parle pas
« de ces unions hydrides (Applaudissements à gauche et à l'ex-
« trême gauche.), faites d'équivoques et de trahisons (Nouveaux
« applaudissements sur les mêmes bancs.), mais de l'union
« droite et franche, de l'union loyalement républicaine, forti-
« fiante et féconde.

« C'est là ce qu'attend la France avec une juste impatience.
« (Applaudissements prolongés à gauche et à l'extrême
« gauche.) »

Ce langage, qui reflétait si bien la situation d'alors comme
celle d'aujourd'hui, est aussi à considérer pour prophétique,
quant à l'avenir. Oui, quant à l'avenir; car, ce qui s'est révélé
depuis, doit nous apparaître aujourd'hui comme un assombris-
sement de cet avenir en lequel, pour le plus grand nombre,
réside l'inconnu, mais non pour de certains esprits clairvoyants
qui préjugent des événements futurs par les symptômes qui les
présagent et qui se produisent actuellement comme des pré-
ludes à ces événements. Pour éviter d'être pris au dépourvu,

il serait grand temps d'envisager froidement et sérieusement, dès maintenant, la situation qui ressort de certains faits qui viennent de s'accomplir, afin de n'avoir pas à subir les conséquences terribles auxquelles peut nous entraîner le mépris fait, si impudemment, du droit et de la justice; soit au nom d'un faux honneur, soit au nom d'intérêts et dans un but inavouable.

L'équivoque qui, actuellement, sert d'arme comme de moyen pour égarer le peuple, persistera, et s'accentuera encore davantage par la suite jusqu'au jour où, métamorphosé par l'imbroglio en lequel on aura surpris sa bonne foi aveugle, se dessinera trop clairement, aux yeux de ce peuple, qu'il est conduit là où il se refuserait aujourd'hui de se laisser conduire, s'il avait réellement conscience de la véritable situation; laquelle lui est si adroitement cachée, quoiqu'au moyen des plus grossiers artifices ou subterfuges.

Le peuple, pour se trouver comme butté dans une sécurité trompeuse, est loin de se douter de ce qui se trame, dans de certaines sphères, pour le ramener en arrière, et qu'avant peu il sera trop tard pour parer au danger qui le menace et qui est remarqué par quelques esprits clairvoyants.

Les faits ont toujours donné raison aux intellectuels non politiciens, mais aujourd'hui, pas plus qu'autrefois, ils ne seront écoutés par le peuple; lequel, je le crains fort, ne verra clair qu'au moment du sombre et triste réveil qui se produira pour lui.

Mon cri d'alarme sera donc : « A bon entendeur, salut! »

J. Mangin.

A Monsieur X...

Rédacteur en chef du journal « ..... », Paris.

MONSIEUR,

C'est avec un très grand intérêt que j'ai lu, récemment, l'article par lequel, à propos de l'alliance « FRANCO-RUSSE », vous avez fait ressortir que cette alliance, dont beaucoup se disputaient la paternité, était, en quelque sorte, l'œuvre de Bismarck seul, quoiqu'ayant été conclue, bien entendu, à l'encontre de son désir.

En effet, vous avez dit vrai, selon moi, pour avoir constaté, il y a bien longtemps déjà, que le rapprochement des deux gouvernements, et à leur suite, celui des deux nations, s'est effectué, grâce aux agissements perfides de ce grand ennemi de la France ; lequel, dans ses noirs desseins, avait rêvé son anéantissement complet. Le but de cet anéantissement avait aussi pour mobile de forger des armes contre la Russie, une fois qu'il aurait été débarrassé du grand obstacle que la France représentait à ses yeux. — Il faut donc admettre et reconnaître que les hommes d'Etat de la Russie et, principalement, son Monarque d'alors, ont eu la perspicacité de s'en apercevoir, dans le principe, c'est-à-dire, immédiatement après la guerre Franco–Allemande de 1870-1871. — Alors déjà, ils prévoyaient que l'Allemagne unie — que Bismarck voulait rendre omnipotente en Europe — ne manquerait pas, ensuite, de chercher à annihiler la puissance rivale pour elle de la Russie, afin de pouvoir, après, dicter ses lois, à tout le monde. — C'est du reste ainsi qu'il procéda, en 1864 et 1866, à propos de la guerre faite au Danemark, de concert avec l'Autriche, en annihilant cette dernière puissance, deux ans plus tard, par la guerre que Bismarck lui fit faire, par la Prusse, en 1866. — Sa politique de duplicité avait là, déjà, un précédent, que tout bon diplomate n'aurait pas dû perdre de vue, alors que la diplomatie de Napoléon III, de triste mémoire, s'est laissée berner par lui, en 1866 et sans avoir su, postérieurement, profiter de la leçon, autrement qu'en donnant, inconsciemment, dans le piège qu'il nous tendit en 1870.

Le premier indice, pour la Russie, des noirs desseins de Bismarck, résultait de la façon dont l'Allemagne, dans son orgueil de vainqueur, avait traité la France, à la suite de cette guerre — relativement facile pour elle, — en n'ayant point su ou voulu chercher à ménager les griefs de vengeance qui, indubitablement, devaient résulter de l'annexion de l'Alsace-Lorraine; laquelle annexion avait été jugée nécessaire, par Bismarck, dans le but de pouvoir, un peu plus tard, servir de prétexte à une nouvelle guerre avec la France, alors déjà reconnue indispensable par lui pour arriver à l'anéantissement complet de cette dernière. — La Russie, voyant par là que l'Allemagne (ou plutôt Bismarck) ne considérait le résultat de cette guerre que pour une première étape faite sur la route des conquêtes futures, lui barra le chemin, une première fois, en 1875, lorsque, à cette époque, Bismarck — remarquant que la France allait trop vite dans son relèvement et pourrait, un peu plus tard, déranger tous les calculs du programme qu'il avait tracé pour arriver à ses fins, — résolut de lui faire la guerre à nouveau ; pour, cette fois, la traiter de façon à n'avoir plus à craindre d'être gêné par elle dans l'avenir.

Le second indice, pour elle (la Russie), qui, cette fois, lui dessilla complètement les yeux, fut l'attitude de Bismarck, à son égard, au congrès de Berlin (en 1878), à la suite de sa guerre avec la Turquie. — Le prince Gortschakoff, qui était déjà l'antagoniste de Bismarck, se retira de ce congrès, les mains pour ainsi dire vides, mais non sans avoir tiré une conclusion, salutaire pour son pays, de ce qu'il venait d'y constater ; tandis que l'Angleterre, qui n'avait droit à rien du tout, reçut, comme d'habitude, le plus beau et le plus important, pour elle, de la dépouille, et l'Autriche se trouvait avantagée, quant au présent, et favorisée à l'égard de ce qu'elle rêvait alors pouvoir réaliser dans l'avenir, avec l'appui de l'Allemagne, que Bismarck lui faisait entrevoir, pour les besoins d'une cause connue de lui seul et dont les dessous, aujourd'hui, sont en partie révélés par lui, même à sa confusion, tellement il se trouve égaré et déconcerté, à présent, à la suite des événements récents qui se sont produits à l'encontre du plan politique tramé par lui et dont heureusement, pour nous et pour la Russie, il a été impuissant à poursuivre l'exécution jusqu'au bout.

C'est donc à partir de cette époque, surtout, que se dessina, sous l'influence du prince Gortschakoff, d'abord, le mouvement très lent et très prudent, mais certain, et sans s'être démenti un seul instant, de la diplomatie et de la presse russe, vers un rapprochement avec la France, dans le but de déjouer les noirs et ténébreux desseins de la politique de Bismarck, lequel lui avait démontré qu'elle avait une cause commune à défendre avec nous, contre les visées de cet homme politique ; poursuivant à l'époque et jusqu'au dernier moment de sa présence au pouvoir, l'achèvement de son œuvre, à réaliser au détriment des deux nations ennemies, pour lui, la France et la Russie. — L'une, la France, maudite et jalousée par lui, devait rester sous l'étreinte de la griffe puissante avec laquelle il l'avait saisie en 1870, tant que cette œuvre n'aurait pas reçue sa consécration par l'écrasement de l'autre, la Russie, à un moment donné et opportun.

L'alliance qui, postérieurement, a été conclue avec l'Autriche, d'abord, puis avec l'Italie ensuite, a été, pour la Russie, la confirmation de la perspicacité qu'elle avait eue, en considérant, à sa juste valeur et à temps, l'adversaire implacable qu'elle avait trouvé en Bismarck ; pour — s'inspirant des tendances révélées par cette ou ces alliances (dont Bismarck avait été le négociateur) — hâter le pas sur le chemin qui lui restait à parcourir pour prendre plus intimement contact avec la nation appelée, au premier chef, à se défendre contre les menées d'une politique qui les visait, simultanément, toutes deux, mais qui avait pour but de les atteindre alternativement ou subséquemment ; soit l'une après l'autre.

La position prise, à l'époque, quoique discrètement, par la Russie, ne restait cependant pas inaperçue par l'Allemagne ; car, cette dernière, tout en ayant cherché, mais en vain, à contrecarrer ce rapprochement — qu'elle ne jugeait peut-être pas alors pour très sérieux encore, — se liguait avec l'Autriche pour, d'abord, parer à toute éventualité ; puis, ensuite, à un moment donné, susciter une guerre entre cette dernière puissance et la Russie, à la faveur de laquelle l'Allemagne aurait eu les coudées franches pour réunir et tourner la plus grande partie de ses forces contre la France. — Les choses marchèrent ainsi, d'une façon incertaine et indécise, jusqu'en 1887 ; lorsque Bismarck, pris d'impatience de voir l'accomplissement de l'œuvre qu'il s'était tracée, toujours reculée, et, eu égard à l'extrême vieillesse de celui qui lui avait donné carte blanche pour agir, politiquement, à son plein gré — et aussi, pour avoir eu, alors déjà, le pressentiment que son rôle politique devait prendre fin bientôt, avec celle prochaine de ce dernier, — brusqua, après la mort de Louis II de Bavière (pour profiter de la disparition de l'obstacle enterré avec l'homme qui le représentait), la rupture des relations, maintenues constamment et à dessein sur un pied équivoque, avec la France, pour aboutir, à bref délai, à une guerre avec elle; laquelle il regrettait n'avoir pu faire, avant déjà, pour avoir été entravée par la Russie. C'est donc à l'occasion du voyage que firent Guillaume Ier et son chancelier Bismarck, à Munich, à la suite de la mort de Louis de Bavière (mort tragique, mais qui n'a plus rien de mystérieux aujourd'hui, pas plus que celle de Skobeleff) que fut résolue la guerre qui devait éclater en 1887; pour se produire antérieurement à l'alliance, pressentie alors déjà et redoutée par lui, de la Russie et de la France. — Les moyens employés pour arriver à cette rupture (copiés sur ceux de 1870), furent l'affaire Schnaëbelé et d'autres, peu après. — Si je précise ces choses, qui n'ont plus à être tenues secrètes aujourd'hui, c'est parce que je les tiens, en partie, d'une source absolument sûre, pour émaner de quelqu'un qui a joué un rôle des plus importants en cette occurrence; mais lequel, aussi, loin de vouloir se faire un piédestal de nombreux et signalés services — très appréciés, quoique non récompensés — rendus à sa patrie, entend, au contraire, garder l'anonymat; pour, aujourd'hui comme alors, être animé de sentiments réellement et sincèrement patriotiques, excluant tout but qui pourrait être supposé intéressé. — Là encore, la Russie mit son veto et la guerre, désirée et recherchée par Bismarck, n'eut pas lieu. — A l'époque, je fus encore en Lorraine, mon pays natal, et je me rappelle de cette phase politique comme si elle était d'hier; tous, nous eûmes un tressaillement, très grand, à la nouvelle d'une guerre, paraissant certaine, qui devait mettre fin à notre séparation de la mère patrie, si péniblement supportée sous le joug implacable du vainqueur tudesque. — L'espoir, qui luisait d'une délivrance prochaine, reposait, alors déjà, pour tout Alsacien-Lorrain quelque peu au courant des choses de la politique, dans la conviction que la France n'aurait pas seule, cette fois, à soutenir la lutte, dont l'issue malheureuse atteindrait également la Russie, si elle se résignait, comme en 1870, à laisser faire. — Cette délivrance, hélas! est toujours encore attendue, quoique toujours reculée, de même qu'une malade a toujours foi et espoir en la guérison, tant qu'il lui reste un souffle de vie.

Certes, il y a lieu d'augurer des événements qui viennent de se dérouler, publiquement, après avoir été, fort longtemps, intimement contenus de part et d'autre, des conséquences qui, pour tout homme sérieux et clairvoyant, sautent aux yeux. — L'influence, à considérer pour salutaire, qui doit en résulter pour nous, sera d'un grand poids dans l'avenir pour résoudre, avantageusement et pacifiquement (il faut l'espérer), bien des questions brûlantes, qui ont été et sont encore néfastes au bien-être de presque toutes les nations de l'Europe, depuis la rupture de l'équilibre d'autrefois; rupture voulue et recherchée froidement (sans qu'il se soit soucié de ses conséquences funestes dans l'avenir) par celui qui, pour la paix du monde, a disparu à jamais de son échiquier politique; mais non sans avoir eu à assister — par un triste retour des choses d'ici-bas — et à constater, ce que je considère (et lui probablement autant que moi) pour être le prélude, non du couronnement, mais bien du découronnement de la partie de son œuvre, en ce qui nous concerne; laquelle, il n'a pu achever, par le fer et par le sang, comme il l'avait commencée et cela, grâce à la Russie et à sa prévoyance. — Cette œuvre réparatrice, opposée à la sienne, suit son cours, lentement, mais sûrement, et nous devons en espérer les légitimes satisfactions qu'elle doit procurer un jour ou l'autre; car, tôt ou tard, pour l'Allemagne, l'heure des résolutions viriles sonnera. Elle aura alors à opter entre les risques à courir pour le maintien de la partie néfaste de l'œuvre de son .ex-chancelier de fer et l'intérêt supérieur que pourra lui commander la conservation de l'homogénité de son empire, réalisée à la faveur de son entreprise heureuse contre nous et de laquelle elle aurait dû savoir se contenter. — En cela, elle avait à méditer sur le proverbe, rarement faux, qui dit : « Celui qui trop embrasse, mal étreint ». — Par son ambition, jamais assouvie, le grand homme de l'Allemagne, à l'instar de Napoléon Ier, aura, comme ce dernier (cela est plus que probable), à recueillir de l'histoire, pour sa mémoire, le renom d'avoir été un grand génie (au sens diplomatique s'entend), mais un génie néfaste pour son pays.

L'Allemagne, en présence des faits passés, présents et futurs présumés, devrait comprendre, déjà, qu'entre deux maux, il faut savoir et à temps, choisir le moins grand ; car le temps, qui est un puissant levier en toute chose, poursuit, inéluctablement, son œuvre, sans souci de celui perdu par ceux qui auraient dû savoir le mettre à profit, au lieu de tergiverser indéfiniment, — quant aux solutions qui s'imposent, — à reculer les résolutions viriles qui, dans un intérêt supérieur, à ménager en vue de l'avenir, peuvent être commandées ou doivent être envisagées ; lequel avenir, pour elle comme pour d'autres, est à considérer pour incertain et insondable en ses desseins, mais, plus sûrement, pour tous, gros de conséquences. Son atermoiement en la résolution qu'elle a à prendre, lui fera risquer, un jour ou l'autre, de se trouver supplantée par l'Angleterre ; laquelle, quoique rivale et peu disposée à une liaison avec la France — mais toujours prompte à prendre une décision commandée dans son intérêt, — est à se demander, à l'heure présente, quelle orientation elle doit prendre, comme devant être la plus avantageuse, pour elle, dans l'avenir ; alors que, primitivement, elle semblait heureuse de contempler le grand fossé creusé par l'Allemagne, en 1871, entre elle et la France, par l'annexion de l'Alsace-Lorraine, en raison de ce que l'antagonisme et la haine séculaires se trouvant maintenus entre ces dernières, lui facilitaient le jeu, avantageux pour elle, de pouvoir, en tout et partout, agir à sa guise, à l'égard de ses intérêts présents et futurs, qui sont universels ; et cela, sans avoir à s'inquiéter des intérêts des autres, pendant que ces deux grandes nations rivales se trouveraient condamnées à conserver, l'une envers l'autre, une attitude expectante, quant à l'observation de leurs mouvements réciproques ; semblables, en cela, à deux chiens de faïence restant, l'un en face de l'autre, immobiles dans leur fixité.

Il découle donc clairement, de ce qui vient d'être retracé, que c'est bien à Bismarck, à ses visées percées à jour par la Russie, qu'est due l'alliance conclue entre cette dernière et la France ; attendu que, toutes deux, elles avaient à se prémunir contre les desseins, néfastes pour elles, de cet homme ; lequel a été arrêté, à temps, par la Russie, sur le chemin pris par lui pour les mettre à exécution. Par conséquent, il n'y a pas à douter que c'est à lui, Bismarck, à lui seul et non à d'autres, que revient la paternité de cette alliance ! Aussi, le comprenant bien, lui, c'est ce qui explique pourquoi, dans son effarement et en homme sentant où le bât le blesse, qu'il se démène tant, actuellement, mais à sa confusion, comme le renard pris dans son propre piège, pour rejeter la faute sur d'autres. Cette fourberie, après celles dont nous avons été les victimes, sera, il faut l'espérer, sa dernière ; et, comme la flèche du Parthe, qui ne blesse où n'atteint que celui qui s'en est servi, elle le frappe en plein et à nu. C'est là, déjà, notre première revanche ! Que Dieu lui garde encore longue vie, pour aussi subir celle, plus importante, de la réparation du crime commis par lui, il y a vingt-six ans, par le guet-apens dans lequel il nous attira alors, et par le remords dont à ce moment il sera saisi (qui le poursuivra jusque dans la tombe), subir aussi la juste punition de ses nombreux forfaits !

Aujourd'hui, que nous sommes complètement rassurés en ce qui concerne les appréhensions qui pouvaient nous être suggérées par notre isolement d'autrefois, nos hommes politiques — comme aussi tout chacun en la société — devaient faire trêve à de mesquines querelles, en cessant de mettre les intérêts personnels au-dessus de ceux supérieurs de la patrie, pour n'avoir plus en vue que la réalisation de l'union fortifiante, à rechercher par le bien, qui est à réaliser dans l'intérêt de la société entière. Pour atteindre ce but, glorieux et salutaire, efforçons-nous à poser franchement et à résoudre de même, les principales questions sociales qui s'imposent, comme étant celles qui exigent le plus impérieusement une solution satisfaisante à l'égard de ceux pour lesquels elles sont inhérentes aux nécessités indispensables de la vie. En donnant à la classe du prolétariat, qui lutte trop inégalement et en vain contre le nouvel état de choses qui existe et qui est résulté d'un progrès non réglementé et non moralisé, allant vertigineusement de l'avant — alors que notre état social est, pour ainsi dire, resté stationnaire, — les satisfactions légitimes que l'humanité exige, il résulterait aussi, de cette union, plus étroite et plus solidaire, — par les grands bienfaits qui en découleraient, — outre l'accomplissement d'un devoir (imposé par la conscience), une valeur et une puissance, très grandes, qui ne le céderaient en rien à celles qui sont augurées de l'heureux événement qui vient de se produire, à la satisfaction de tous les vrais patriotes ; et, de cette puissance, ainsi acquise, autant et plus peut-être que de l'heureuse alliance conclue, découlerait, apparemment, la justice immanente dont, naguère, parlait Gambetta, et en laquelle, dans son espoir patriotique, il avait, pour ainsi dire, placé toute sa confiance, — si je dis cela ici, je l'ai déjà dit ailleurs, dans une brochure qui sera publiée incessamment, ayant pour titre : *Traité des principales questions sociales, à résoudre par l'œuvre de la Solidarité Humaine* et qui a l'importance d'indiquer les vrais moyens propres à résoudre, heureusement et efficacement, comme aussi pacifiquement, celles de ces questions qui, par leur urgence démontrée, s'imposent ; de même que, pour avoir envisagé le résultat politique que la solution de ces questions procurerait à notre chère patrie, pour le plus grand bien de tous, de même que pour celui de l'humanité entière ; en donnant par là, l'exemple de la réalisation de ce qui doit être reconnu pour juste et légitime par toute personne honnête, sentant battre un cœur vraiment humain et qui, également, a conscience des devoirs qui lui incombent à l'égard de la Société commune, ou de son semblable malheureux et injustement malheureux.

Permettez-moi, monsieur, de vous exprimer ici, en même temps que mon admiration, mes plus chaleureuses félicitations pour la façon magistrale avec laquelle vous traitez habituellement les questions qui ont trait au patriotisme ; comme Lorrain, ayant appartenu à la partie annexée, surtout, je suis, en même temps que fort sensible à ces choses, également très grand observateur de tout ce qui intéresse les voies et les moyens qui peuvent contribuer à réparer la grande injustice que l'Europe (qui en a pâti avec nous, depuis) a laissée commettre en 1871 et qui nous a frappé, nous autres Alsaciens-Lorrains, en plein cœur.

Veuillez agréer, cher monsieur, avec l'expression de mes sentiments les meilleurs, l'assurance de ma considération très distinguée.

J. Mangin.

Paris, le 29 octobre 1896.

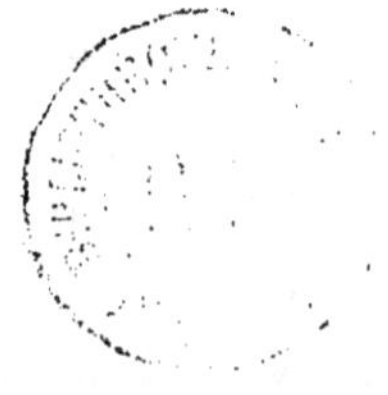